Datos de la industria del entretenimiento

Datos de la industria del entretenimiento

Joann Williams

Joann Williams
Datos de la industria del entretenimiento

Published by Spines
ISBN 979-8-89569-975-1

Índice

Disclaimer

Este libro tiene el propósito de ofrecer una visión general de la industria musical y brindar una guía básica.

Para aquellos interesados en comenzar una carrera en la Música. No constituye asesoramiento legal o financiero profesional. La industria musical está en constante evolución, y las experiencias individuales pueden variar. Se recomienda a los lectores consultar con expertos en áreas específicas, como Abogados de Entretenimiento, Contables y profesionales de la industria musical, para obtener asesoramiento personalizado en 2024.

Acerca del Autor

Joann Williams es una profesional experimentada de la industria musical y del entretenimiento con más de 20 años de experiencia. Como nativa de Nueva Jersey, ha cultivado su carrera dentro del dinámico panorama de la Industria Musical.

Actualmente radicada en Georgia, Joann Williams ha hecho contribuciones al mundo de la música y el entretenimiento, mostrando su talento.

Joann Williams tuvo la Oportunidad de presentar:

Alojar Showcases de R&B.
Convocatorias de Casting.
Gestión.
Desarrollo de Artistas.
Directora de Artista y Repertorio.
Y mucho más…

Hechos de la Industria del Entretenimiento

Abrir

Para adentrarse en el Negocio de la música

Investigar – Leer - Estudiar – Repetir

Entretenimiento en el Contenido de Obtener Derechos

Este libro te guiará en el inicio de tu carrera musical y lo que necesitas hacer primero.

1. Registrar tu (Nombre Artístico) LLC
2. Obtener tu número EIN
3. Registrar los derechos de autor de tu música

•

1. Para L.L.C.: Ve a la Oficina del Secretario de tu Condado y diles que quieres registrar el nombre de tu negocio (que es tu nombre artístico). También necesitarás que lo notaricen. Haz todo el mismo día. Necesitas tu identificación (al menos 2): Licencia de conducir, Pasaporte, y Certificado de Nacimiento.
2. Supón que tienes un Presupuesto de Marca y tu nombre artístico. Ve a la Biblioteca del Congreso y presenta una solicitud con ellos. Si tienes alguna pregunta, pueden ayudarte.

Entretenimiento Obten Derechos en Negocios

1. Registra Tu Nombre Artístico
2. Presenta Tu número de identificación de empleado
3. Registra los derechos de autor de tu Música como un álbum, y luego elige canciones de tu álbum como un Sencillo. 19 – 15 canciones están en un Álbum.
4. Además, ten dos (2) copias de tus Documentos Personales.
5. Licencia de Conducir
6. Certificado de Nacimiento
7. Si no tienes un pasaporte

Solicita tu pasaporte. Tarda 6 semanas o más depende. Solicita un turno rapido si tienes que Actuar fuera de los Estados Unidos. Ten tus papeles, y también ten una impresión de dónde actuarás desde tus aerolíneas que demuestre que necesitas un apuro para tu pasaporte.

Buscar página

AQUÍ HAY UNA LISTA. Échale un vistazo.

Investigar – Leer – Estudiar

1. Derechos de Autor: Apréndelo y comprende lo que estás leyendo.

Si no estás seguro, pregunta.

2. Si tienes un Logotipo, Registra tu Marca.

Siempre haz Preguntas.

3. La hoja de división, que tiene muchos Nombres, es cuando trabajas con un grupo o individuo. Y agregas palabras o un verso. Forma un acuerdo entre el individuo o grupo. Cuando se firma, es legalmente vinculante. (Lee sobre Esto)

Prepárate para tener tu hoja de división.

El Acuerdo identifica a los Contribuyentes

Cuando estás en el estudio, ¿hay alguna otra ubicación donde hagas alguno de los siguientes: Versa, cualquier barra, Melodías, o propiedad de la canción? Cuando haces esto, se vuelve legalmente vinculante. ¡Haz tu investigación!

Información de Negocios

Derechos de Autor

Marca Registrada

Pasaporte

Propiedad Intelectual

Infracción

Número de Identificación del Empleado

(EIN)

Gestión

Nombre Artístico

Cuenta Bancaria

Crédito

Abogado

Publicación

Relaciones Públicas

Grupo de Escritores

Marca Registrada

MARCA REGISTRADA: comprende la diferencia entre derechos de autor/marca registrada.

MARCA REGISTRADA

Selecciona el Nombre que quieres registrar. Realiza una búsqueda de Nombre.

Identifica los bienes y servicios y presenta lo básico. Haz tu investigación. Si tienes el presupuesto, contrata un abogado para que presente la solicitud por ti.

Propiedad Intelectual

1. Patente
2. Marca Registrada
3. Derechos de Autor
4. Secretos Comerciales

¿Quién posee la Propiedad Intelectual?

El Creador, Desarrollador o Inversor.

Sempre obtener permiso del propietario.

Formularios legales de un (abogado).

Derechos de Propiedad Intelectual

1. Derechos de Autor
2. Marca Registrada
3. Patentes
4. Variedades de Plantas
5. Diseños Industriales
6. Semiconductores

Violaciones de Propiedad Intelectual

INFRACCIONES DE DERECHOS DE AUTOR/ Infracción de Marca Registrada/ Y Infracción de Patente

¿QUIÉN POSEE LA PROPIEDAD INTELECTUAL?

El creador, Desarrollador o Inventor.

SIEMPRE OBTÉN PERMISO DEL PROPIETARIO EN FORMULARIOS legales.

Kit de Prensa Electrónico

SE TRATA de ti y tu Música.

Ten 1 – 2 Canciones (Mejores Canciones)

TU INFORMACIÓN PERSONAL DE MÚSICA

Número de Teléfono

Correo Electrónico

Plataformas de redes sociales

EL KIT DE PRENSA ELECTRÓNICO VA EN TU TELÉFONO celular.

Debe ser fácil intercambiar tu información.

Negocios

1. Necesitas un equipo que te sea leal al 100%.
2. Redes sociales en todas las plataformas
3. Necesitarás dos personas, una para tus correos electrónicos y otra para tu equipo de redes sociales.
4. Hombre de Hype
5. Asegúrate de llevar contigo tus papeles en todo momento.

INVESTIGAR – Leer – Estudiar

HACERLO TUYO TE DARÁ CONFIANZA. ¡PERO SIEMPRE hazlo bien!

Lenguaje de negocios

Asegúrate de tener (2) cuentas bancarias.

1. Cuenta Bancaria Personal
2. Cuenta Bancaria de Negocios

La cuenta de negocios es para todo lo que haces en tu Carrera Musical.

Manténlas separadas. Es para propósitos fiscales.

Aprende el Lenguaje del Negocio de la Música

Una vez que tu Carrera Musical tenga una posición, para ser firmado por un sello, consíguete un abogado de entretenimiento y no de dentro de ningún sello. Consigue un Relaciones Públicas de una firma reconocida.

Opcional

Gimnasio
Instructor de Coreografía
Clases de Actuación
Hacer todo esto puede mejorar tu carrera.

Entiende lo que has aprendido.

Nombra Las tres cosas más importantes que hacer primero.

1)

2)

3)

Haz un Presupuesto para Ti:

Redes Sociales, Mantente al día con tus Cuentas:

1.
2.
3.
4.
5.
6.
7.
8.
9.
10.

Lista de Sellos Discográficos Top 10:

1.
2.
3.
4.
5.
6.
7.
8.
9.
10.

Estaciones de Radio, Obtén una Lista:

1.
2.
3.
4.
5.
6.
7.
8.
9.
10.

Mantén una Lista de D Jays:

1.
2.
3.
4.
5.
6.
7.
8.
9.
10.

Revisa tu Crédito Cada 3 Meses

MANTÉN un registro y actualiza

Revisa tu Crédito Cada 3 Meses

MANTÉN un registro y actualiza

Mantén una Lista (Es tu catálogo de Música)

Singles

Extended Play (EP)

Lo que la mayoría llamará 4-6 canciones (Pistas)

Álbumes 7 – 29 o más

Números de Teléfono Importantes:

1.
2.
3.
4.
5.
6.
7.
8.
9.
10.

Hoja de Registro de Citas

Nombres Dirección Teléfono * Fecha:

1.
2.
3.
4.
5.
6.
7.
8.
9.
10.

Hoja de Registro de Citas

NOMBRES DIRECCIÓN TELÉFONO * Fecha:

1.
2.
3.
4.
5.
6.
7.
8.
9.
10.

Aprende Sobre Tu Negocio de la Música

Toma Notas:

Take Notes Sheet

Recordatorio Para Ti

Tu Sueño es Tu Sueño
Obtén toda la información que puedas
Mejorar tu futuro.

Estas hojas de datos te guiarán
Por muchos niveles que necesitas pasar
en esta industria del entretenimiento.

RECORDATORIO PARA TI MISMO.

Leer, Estudiar, Aprender.
Agregar. Aplicar.

Si no estás seguro, Consigue un Abogado.

Vamos a empezar

Recuerda Los Hechos

Hechos de la Industria del Entretenimiento

HABRÁ un libro de seguimiento (2)

Cosas que necesitas buscar.

- Aumenta tus números en redes sociales.
- Mira en la distribución para comercializar tu música.
- Investiga servicios de licencia musical.
- Luego, elige lo que te gusta.
- Investigar, Leer, Estudiar.
- Registra los derechos de autor de las letras, Música y Portada.
- Comunicado de prensa para los medios.
- Promociona la Música en Digital.
- Transmite tu Música.
- Solo Publica tu Música cuando:

DERECHOS DE AUTOR.

INVESTIGAR. LEER. ESTUDIAR.

Joann Williams

ttover2000@gmail.com

Quiero dedicar este libro a
Jahsiah, Journey, Winona, Joel y Aniyah.

www.ingramcontent.com/pod-product-compliance
Lightning Source LLC
LaVergne TN
LVHW010509160826
845677LV00012B/2742

* 9 7 9 8 8 9 5 6 9 9 7 5 1 *